POR ELISE

POR ELISE

GRACE PASSÔ

Cobogó

POR ELISE

Oh! por Grace Passô 8

POR ELISE 12

SOBRE O ESPETÁCULO
Uma cartografia dos afetos por Adélia Nicolete 66
Em se plantando, tudo dá por Gustavo Bones 70
Contradições fecundas por Marcelo Castro 72

BIOGRAFIAS
Grace Passô 61
espanca! 62

Oh!

Por Grace Passô

Vem, eu vou te mostrar que esse contorno do corpo é um embaço só, um embaraço, borrão pulsante, pungente. Historinhas eu tenho mil, poderia contar várias, mas não é isso o que importa. Importa se ressoa, importa se te importa, se me exporta pra ti, leitor, importa se você me ouve, se me escuta, se move tuas batidas, se acelera, se retarda. Foi esse o impulso de escrever *Por Elise*: um impulso jovem, o mesmo que arremessa a língua no álcool, te faz querer gritar coisas, ouvir o desejo, impulso de quem se assusta com o embaraço da existência, de quem cultivou e destruiu nosso senhor Jesus Cristo, de quem se empenha para não acreditar na bondade mas é uma besta humana inocente, desse descompasso que é ser, contraditório. *Por Elise* fala de como somos contraditórios, que não há coerência nos nossos atos. Daí o cachorro, latindo, desesperado, fingindo que late para alguém, mas é para si que late.

Por Elise é um susto. Palavras de uma pessoa assustada com esse edifício que se chama teatro. Quis um dia dirigir uma obra teatral. Pensei: "Vou escrever, é o jeito." Catei rascunhos do meu computador. No primeiro havia essas palavras: "Eu sou forte como um cavalo novo, com fogo nas patas, correndo em direção ao mar." Deu um treco, lembrei dos lixeiros correndo, danei a escrever, e o demo foi se apoderando das letrinhas, e o demo foi negociando com o silêncio, o demo foi fazendo calo nos dedinhos, teclinha por teclinha. Olhei pro palco e pensei: "E esse tablado, gente? Pra que esse nível de cima? O que fazer com isso? E esses panos pretos? Tapando o quê? Pra quê? E essas pessoas, assentadas, olhando? Por que ninguém grita? Por que ficam em silêncio? Que formalidade barata! E esse buraco na parte de cima, que máquina antiga, cordas e cordas de uma nau de um outro tempo. E essas palmas no final, pra quê? Não é pra bater palma pra ninguém, há que se haver uma palma interna, pra si! E essas pessoas em cima do tablado fingindo que ninguém olha?" E o espanto foi tanto que o que me restava era assumir isso tudo, e dizer pras pessoas assentadas que eu sabia de todo aquele fingimento. Daí a ciranda poética com os códigos teatrais: a narradora que inicia a peça dizendo que tudo naquela história acontecerá tecnicamente, sem envolvimentos, mas ela própria diz chorando; as coxias serem usadas como elipse do tempo, os abacates que caem da nau do tempo de Cabral, as palmas finais, que convidam o leitor a entoar um mantra. Pois foi no espanto de uma jovem que pensa que toda aquela tradição precisava fazer sentido, ora bolas, precisava ser honesta, que as palavras foram nascendo. Ai, que fresca é a brisa da manhã, que fresco é esse primeiro sopro, juventude pura, inocência bonita.

Eu te convido a terminar essas palavras. Foi sempre o desejo de elucidar o ato, o encontro (com o público, com os atores, com o espanca!) que moveu esses dedinhos no teclado. Vem, termina aqui esse ato, bata suas palmas. Você já observou os caroços de abacate cheio de ruguinhas que parecem veias? Uma vez, eu estava andando, assim, como quem não quer nada, quando...

Este texto foi elaborado no processo de criação do espetáculo *Por Elise*, no grupo espanca!, Belo Horizonte, 2005. A peça estreou no dia 22 de março de 2005, no Teatro José Maria Santos, em Curitiba.

Direção e Texto: GRACE PASSÔ
Atores: GRACE PASSÔ (Dona de Casa), GUSTAVO BONES (Lixeiro), MARCELO CASTRO (Homem), RENATA CABRAL (Mulher) e SÉRGIO PENNA (Funcionário)
Na primeira formação: PAULO AZEVEDO (Funcionário) e SAMIRA ÁVILA (Mulher)
Figurino: MARCO PAULO ROLLA
Iluminação: TELMA FERNANDES
Trilha sonora: DANIEL MENDONÇA
Vocal: LE THI BICH HUONG
Contribuição artística: RITA CLEMENTE
Técnico e operador de luz: EDIMAR PINTO
Assessoria vocal: CAMILA JORGE e MARIANA BRANT
Instrutora de Tai Chi Chuan: ALINE MIDORI
Costureiros: MÉRCIA LOUZEIRO e JOSÉ MARTINS
Cenotécnicos: HELVÉCIO ISABEL e NENÉM
Produção: ALINE VILA REAL
Produção da primeira montagem: AGENTZ PRODUÇÕES

personagens:
DONA DE CASA (DONA ELISE)
MULHER
HOMEM
FUNCIONÁRIO
LIXEIRO
COLEGAS DO LIXEIRO (VOZES EM OFF)

BILHETE DA SENHORA ELISE PARA OS ATORES:

A fé corre, a razão fala, a emoção tomba, o medo se protege, a verdade late. Corra! Corra! Corra!

O início. O recomeço.

A peça não começou. Em silêncio, o Funcionário executa movimentos de Tai Chi Chuan.

Sim: Tai Chi Chuan, essa palavra tão chinesa. Já reparou no quanto são suaves, leves e harmônicos esses movimentos? E na quietude concentrada? Já percebeu que quem os executa parece estar dando um profundo mergulho no ar particular? No ar tão particular? Repara. Viu como parecem Gestos de Lagoa? São movimentos que possuem a sabedoria da calma e do equilíbrio que os homens buscam na morte, na vida, em frente a uma criança, a um enfarte no coração.
Que todas as quedas-d'água, atormentadas, deságuem num Lago Sereno e fiquem por lá. Que esse Lago seja uma expressão sincera. De um mundo submerso intenso e misterioso.

Projeta-se os créditos iniciais. Algo como:

"E SE VOCÊ TROUXER O SEU LAR, EU VOU CUIDAR DO SEU JARDIM"

Um homem e uma mulher

Mulher e Homem brincam. Divertem-se e riem.

Raízes Profundas

Dona de Casa está com medo e fala para a plateia.

Dona de Casa: Historinhas eu tenho mil. Poderia contar várias aqui para vocês. Tem a da senhora que brotou uma alface no meio do corpo dela. E ela se abriu para a vida. Essa é ótima. Uma das melhores que já ouvi por aqui. Tem a daquela mulher que estava triste andando na rua e caiu no bueiro: só que lá dentro ela encontrou um homem na mesma situação. E então eles ficaram alegres. Olha que loucura. Tem a da família japonesa que a mãe colocou botox nos olhos. E ficou cega. É claro! Mas, sabe, esses orientais são imprevisíveis! Dizem que eles inventaram samambaias azuis! Você liga na tomada e elas ficam verdes. E há outras histórias sobre moradores daqui... como dizia o Valico: "histórias vitalícias!" Oh! Valico.

Ela se lembra de Valico.

Dona de Casa: Ele teve um enfarte no coração e durante o enfarte começou a dizer, me dizer uma porção de palavras bonitas e espontâneas. A vida dele se enfartou e ele teve um ataque de lirismo. Eu juro. Muitas das coisas que eu falo aqui são dele, que gravei daquele momento.

Ela tenta se esquecer.

Dona de Casa: ...e há outras estórias sobre moradores daqui. E em volta daqui, é claro, existem várias outras pessoas: moradores, passantes... No entanto a vida aqui é curta e nós poderemos mostrar só algumas dessas pessoas e dos encontros que eu já presenciei entre elas: encontros delicados. Bem, quanto a mim, muito prazer...

Cai, vindo do alto, um abacate próximo a Dona de Casa. Ela sente medo.

Dona de Casa: Eu sou a mulher que há alguns anos plantou um simples pé de abacate no quintal de sua casa. E ele cresceu. E então eu vivo assim. Assim! (*ela sente medo!*) Cuidado com o que planta no mundo! Mas por aqui, como eu, existem outros moradores desprotegidos, mesmo com cães dentro de casa. Companheiros de muros: muros de tijolos, muros de pele. Sabe, "proteção" é mesmo bem importante. Eu, por exemplo, sempre quis colocar colchões largos em volta do pé de abacate de minha casa. Sim, colchões. Já passei muito tempo imaginando essa cena: de abacates caindo sem medo do alto dos ramos das árvores. Sem medo. Em colchões. Lá do alto eles talvez pensassem a dureza que seria o fim da queda, mas não seria. Eu queria a natureza mais doce.

Ainda a respeito de "proteção", gostaria de dizer que os cães latem o que escutam nas casas de seus donos, de seus vizinhos. Dizem. Por aqui eu sempre os ouço. Ouço o cão. Na casa ao lado? Na rua? Na minha própria casa? Eu ainda não conheci quem não escuta um cão no seu silêncio tão particular. Cão é o que não é oco. É o que não está oco. Dizem. Dizem que os cães ouvem muito melhor que nós. O coração, por exemplo, eles não escutam "tum tum tum!" como nós ouvimos, e sim "quem quem quem". Dizem que é porque o coração é aquele que ouve uma voz desesperada loooonge, gritando "EU TE AMO! EU TE AMO!", e então bate desesperado respondendo "Quem! Quem! Quem, Quem, Quem, Quem, Quem, Quem?" E "gente" é quem, também no desespero, manda essa voz se calar. Dizem. Mas dizem também por aqui que até eu sei de muita coisa. Mentira! É claro que eu sei de algumas coisinhas; a vida também não é assim tão imprevisível. O carro de lixo, por exemplo, passa todas as terças pela manhã.

Cai outro abacate. Dona de Casa sente medo.

Dona de Casa: Está vendo? É que tem coisa que espanca, mas espanca doce. É por isso que eu peço: cuidado com o que planta no mundo. Cuidado com o que toca; com a capacidade que gente tem de se envolver com as coisas. Não adianta fingir que não sente. Gente sente tudo, se envolve com tudo! Sou eu que estou pedindo isso. Façam isso por mim. Por mim!, por mim!, por mim! (*agora para os atores*) Por mim! Isso também vale para vocês. Não se envolvam tanto! Escutem, vocês podem estar pensando que o que eu estou falando agora, nesse momento, foi memorizado antes também, mas agora não... nesse momento eu juro que não, agora sou eu que estou falando: eu!, eu!, eu! Por favor, não se envolvam tanto quando forem contar as histórias aqui. Não vale a pena. Olha, existem técnicas. Sim, técnicas para não precisarem sentir as coisas que vamos contar. Técnica é isso. Façam assim.

Ela sussurra para os atores da peça como devem fazer. Eles respondem positivamente, atentos. Ela continua a ensinar as técnicas-de-não-sentir, até que cai mais um abacate. Ela sente medo e se desconcentra.

Dona de Casa: Oh meu Deus! Tudo bem... Eu estou falando assim, compulsivamente, porque eu sei o que vai acontecer aqui, nesse lugar. A vida não é assim tão imprevisível.

Ela executa vários golpes fortes de Karatê.

Dona de Casa: Vocês não estão entendendo por que estou fazendo isso aqui, mas vocês vão entender. Eu juro. Vocês entenderão.

A fé corre e a emoção tomba

Lixeiro está correndo, correndo... entrando e saindo de cena várias vezes, executando sua tarefa de correr, assim como fazem os lixeiros que correm atrás de um carro e gritam coisas enquanto trabalham. Ele tem um cotidiano intenso! Movimenta-se com agilidade, conversa em tom mais alto. Seus passos intensos são uma ordem, sem mistificação. Em um só dia ele ocupa muitos espaços, pois as cidades transbordam de ruas.

Entra Mulher. É o contrário dele, pois está prestes a perder algo que estima. Se ele é Fé, ela é Emoção. Se ele corre com as pernas, ela anda com o coração.

Lixeiro: (*observando a mulher*) Ô princesa!

Mulher: Que gentileza bruta.

Gritos vindos das coxias dos Colegas de trabalho apressando Lixeiro.

Mulher: Que cotidiano intenso.

Gritos dos Colegas do Lixeiro.

Mulher: Você disse o quê?

Lixeiro: O quê?

Mulher: Hã? Nada não.

Lixeiro: Tá perdida?

Mulher: É.

Lixeiro: Você mora por aqui?

Mulher: Numa rua aqui perto.

Mulher: E o que foi? Parece perdida.

Mulher: Não.

Lixeiro: Um paraíso perdido.

Mulher: Tem um cigarro?

Lixeiro: Eu não fumo em serviço. Mas o que foi? Posso ajudar em alguma coisa?

Mulher: Não...

Mulher cai.
Gritos dos Colegas do Lixeiro.

Lixeiro: Eu tenho que ir...

Mulher: (*ela não o deixa sair*) Por favor, conversa comigo.

Lixeiro: (*ele não entende. Normalmente isso não aconteceria*) Sim?

Mulher: ...

Lixeiro: ...

Silêncio. Para ela fica difícil explicar tanta coisa que está acontecendo consigo. E ele a esperando dizer alguma coisa.

Lixeiro: (*que num impulso vai para tocá-la*) O que eu posso fazer por você?

Mulher se afasta por reflexo.

Lixeiro: Desculpa.

Mulher: Não, eu é que peço...

Lixeiro: (*a humildade*) Imagina...

Gritos ainda mais impacientes dos Colegas apressando o Lixeiro.

Lixeiro: Olha, não precisa ficar com vergonha. Se eu puder fazer alguma coisa...

Mulher: Não... Você é muito gentil, obrigada. Pode ir,

eu não quero te atrapalhar. Pode ir.

Ele sai. Ela não suporta e vai atrás dele. O palco fica vazio por alguns segundos. Os dois voltam correndo.

Mulher: Conversa comigo. É que você me pareceu tão decidido. Tão certo sobre seu caminho. Eu estou te atrapalhando?

Saem. Mulher e Lixeiro começam a correr juntos. A conversa entre eles supostamente continua, mesmo quando saem pelas coxias, mas eles só são ouvidos quando estão em cena, quando passam pelo palco.

Lixeiro: O quanto você quiser, não me atrapalha, não.

Mulher e Lixeiro entram e saem do palco em silêncio, diversas vezes. Falam sempre quando estão em cena.

Mulher: Estamos sem assunto, não é? Eu sou tão sem graça às vezes.

Lixeiro: Sem problemas.

Mulher: Você está me ajudando muito.

Lixeiro: Que é isso, o que eu fiz?

Mulher: Qual é o seu nome?

Gritos dos Colegas.
Mulher e Lixeiro saem de cena.

Mulher: Bonito nome. Se escreve com "y"?

Lixeiro: Não, com "w".

Saem.

Lixeiro: E... você tá fugindo de alguma coisa?

Mulher: Posso te perguntar uma coisa? Pra você é simples assim? Você colocou na cabeça que deve correr, e aí você corre e pronto?

Lixeiro: Não sei... Às vezes eu gosto de pensar que aquilo dali é o mar. Só pra criar desejo...

Ele sai. Ela fica.

Mulher: Meu cachorro vai ser sacrificado hoje.

Ele retorna.

Lixeiro: O quê?

Mulher: Meu cachorro está doente e vai ser sacrificado hoje.

Lixeiro: Então é disso que tá fugindo?

Mulher: Não sei, acho que disso também...

Gritos dos Colegas.
Agora ela é quem responde gritando e sai correndo. É

um grito de desabafo.

Lixeiro: (*para ela*) Calma... Você tá sofrendo mesmo, não? Esse tipo de coisa acontece. Eu mesmo preciso encontrar uma pessoa que eu não vejo há muito tempo. Ela foi comprar cigarro e não voltou mais. (*ele é um homem de filosofia simples*) O que eu acho que você tem que fazer é encarar a situação. A vida é isso mesmo...

Saem. O palco fica vazio por um tempo. Até que retornam.

Lixeiro: Por exemplo: uma vez o Visconde de Sabugosa virou pra Emília e disse...

Saem. Voltam.

Mulher: Eu adoro esse filme também...

Lixeiro: ...com a Sharon Stone... aquela é princesa também...

Saem. Voltam.

Lixeiro e Mulher: (*juntos*) Bruce Willis!

Saem. Voltam.

Mulher: Você é um homem bom.

Lixeiro: E você é uma mulher boa.

Mulher: E aí, o que você vai fazer quando terminar isso aqui?

Lixeiro: Eu? Vou pular no mar. E você?

Mulher: Eu? Vou entrar na onda...

Lixeiro e Mulher se olham profundamente. Ela vai para tocá-lo. É uma pessoa especial.

Lixeiro: (*afasta-se, sem graça*) Não... eu estou sujo. (*os dois vão sair para lados opostos*) Vem comigo mais um pouco. Para de fugir!

Os dois correm.

Peito inflamado com palavras afogadas

Dona de Casa representa para Homem como foi o enfarte de seu vizinho Valico.
Enfarte se escreve com palavras maiúsculas.

Dona de Casa: "MEU CORAÇÃO PARECE UM CAVALO NOVO COM FOGO NAS PATAS, CORRENDO EM DIREÇÃO AO MAR! OH VIDA, FARPA DE MADEIRA INTENSA! A NATUREZA NÃO É DOCE, OS FRUTOS É QUE SÃO!"

E prossegue.

Dona de Casa: "PRESTE ATENÇÃO. MEU FILHO VEM ME VER. ELE DEVE ESTAR GRANDE. PEÇA PERDÃO A ELE. PERGUNTE SE ELE RECEBE O DINHEIRO QUE EU LHE MANDO PARA AS AULAS DE FUTEBOL."

Ela respira. Lembrar-se disso não é fácil. Continua sua conversa com Homem, que ouve.

Dona de Casa: Ele dizia essas coisas durante o enfarte. Aí eu disse: "Valico, respire! Respire!"

Homem sai correndo, assustado.

Dona de Casa: Espera! Eu só estou te contando como foi...

Corações japoneses

Entra Funcionário. Ele tem uma roupa coberta por espumas. Homem sai.

Funcionário: Bom dia.

Dona de Casa: Sim?

Funcionário: A senhora mora por aqui?

Dona de Casa: Sim. O que o senhor tem nos braços?

Funcionário: Uma proteção.

Dona de Casa: Sei...

Funcionário: Para o meu trabalho é necessário.

Dona de Casa: Um uniforme?

Funcionário: Sim.

Dona de Casa: Que interessante...

Funcionário: Pois bem, eu vim recolher o animal doente.

Dona de Casa: (*assusta-se!*) Ah, então é o senhor? Mas não é meu não. O senhor está procurando a mulher dali. Só que no...

Cai um abacate na cabeça do Funcionário. Ele não sente.

Dona de Casa: Cuidado!!!

Funcionário: O que foi?

Dona de Casa: (*assusta-se! Preocupa-se!*) O senhor está bem?

Funcionário: Estou.

Cai outro abacate no Funcionário.

Dona de Casa: Meu Deus.

Funcionário: Algum problema, minha senhora?

Dona de Casa: Mas o senhor parece bem!?

Funcionário: Eu?

Dona de Casa: Meu Deus!

Dona de Casa esconde-se. Sai de cena. Entra Lixeiro. Ele parece procurar algo, como quando se vai a um endereço pela primeira vez.

Funcionário: (*ainda para Dona de Casa*) Senhora...

Dona de Casa: (*da coxia, escondida*) Eu vou ficar aqui. Aí está muito difícil.

Funcionário: E quanto ao animal doente?

Dona de Casa: (*da coxia, escondida*) Não é meu não. O senhor deve estar procurando a senhora que mora logo ali; mas ela não se encontra no momento. Espere um pouco.

Lixeiro: Oi. Mora por aqui?

Funcionário: Não.

Lixeiro: ...

Funcionário: ...

Lixeiro: Você é o quê?

Funcionário: Como assim?

Lixeiro: Essa roupa...

Funcionário: É meu uniforme.

Lixeiro: Sei. (*interessado*) Conhece alguém por aqui?

Funcionário: Não. Eu só estou a trabalho. Está procurando o quê?

Lixeiro: Por uma pessoa.

Funcionário: Uma pessoa?

Ouve-se, vindo da coxia, um cão que late palavras. Cães latem o que ouvem nas casas de seus donos, de seus vizinhos.

Cão: SAIA DESSA CASA! SAIA DESSA CASA! LARGA ESSE CIGARRO! ABAIXE ESSE SOM! ABAIXE ESSE SOM!

Lixeiro: (*comenta*) Nossa, que braveza! (*volta ao assunto*) Mas o que você faz exatamente?

Funcionário: Recolho animais doentes.

Lixeiro: Animais doentes? Bicho é coisa tão!... Não te aperta o coração?

Funcionário: Te aperta o coração saber que matam galinhas?

Ouve-se mais um latido vindo das coxias.

Cão: NÃO ESQUEÇA DE FECHAR A PORTA! O TELEFONE ESTÁ TOCANDO! EU TE AMO! EU TE AMO! EU TE AMO! EU TE AMO!

Funcionário e Lixeiro mandam o cão se calar.

Lixeiro: Você recolhe muitos por dia?

Funcionário: Ultimamente, sim, eu estou trabalhando dobrado.

Lixeiro: Está juntando dinheiro?

Funcionário: Justamente.

Lixeiro: Vai comprar casa?

Funcionário: Não, vou viajar.

Lixeiro: Recife?

Funcionário: Não, Japão.

Lixeiro: Japão?

Funcionário: Japão.

Cão: JAPÃO! JAPÃO! JAPÃO!

Lixeiro: Então tem matado mais bichinhos para ir para lá?

Funcionário: ...

Lixeiro: Você sabe falar japonês?

Funcionário: Estou aprendendo.

Lixeiro: Como se fala "bom dia"?

Funcionário: "*Orraiogozaimás.*"

Lixeiro: E “vassoura”?

Funcionário: “*Rouki*.”

Lixeiro: “Cuidado”, como se fala?

Funcionário: Não sei.

Lixeiro: Dizem que lá você pode deixar suas sandálias nas ruas que ninguém pega!

Funcionário: Sabia que lá as ruas não têm nome?

Lixeiro: Não?

Funcionário: E que não pode conferir o troco?

Lixeiro: ...

Funcionário: E que eles rezam todos os dias. Por isso que eles vivem mais do que a gente. Lá tem religião que você nem imagina.

Lixeiro: Que coisa, não.

Funcionário: ...

Lixeiro: Mas... fala mais...

Funcionário: Do Japão?

Lixeiro: Não... Como é que você recolhe os bichos?

Funcionário conta. Mas vários latidos abafam a conversa dos dois.

Lixeiro: Japão! Mas por que um lugar tão longe? Tem algum parente por lá?

Funcionário: Não.

Lixeiro: O que vai fazer lá, então? É por causa de alguma religião, não?

Funcionário: Sim...

Lixeiro: Que religião é a sua?

Funcionário: (*confunde-se. Como explicará no que crê?*) Não, não é bem uma "religião".

Lixeiro: Seita?

Cão: SEITA! SEITA!

Funcionário: (*confunde-se*) É. Não... É um... uma... é... é... Ela não é muito conhecida porque é mais um autoconhecimento, sabe...

Lixeiro: Sei.

Funcionário: Você tem religião?

Lixeiro: (*confunde-se*) Tenho... Quer dizer, não é bem uma religião, é... é... é assim... um encontro que fazemos. Mas não é fanatismo nem nada dessas coisas não. É coisa séria mesmo.

Funcionário: Que bom, amigo. Você conhece a "Cerimônia das Palmas"?

Lixeiro: Não...

Funcionário: Essa é uma cerimônia do sul de um lugar que agora eu não estou me lembrando, mas eu tenho muita curiosidade quando ouço falar. As pessoas se reúnem e durante algum tempo elas começam a fazer assim.

Ele bate uma mão na outra repetidamente, como se batesse palmas. Permanece assim por um bom tempo.

Lixeiro: Assim?

Funcionário: É. Eles dizem que enquanto bate, ao invés de contemplar o outro você deve pensar em si, em como anda seu caminho. E enquanto batem, eles repetem: "Cadê meu jardim, cadê meu jardim, cadê meu jardim, cadê meu jardim, cadê meu jardim, cadê meu jardim."

Lixeiro: Que estranho.

Funcionário: Dizem que desperta a força particular que cada um tem. Isso é feito há anos e anos...

Lixeiro: Essa cerimônia?

Funcionário: Sim, há séculos.

Lixeiro: Você deve entender tudo dessas coisas, não?

Funcionário: Um pouco.

Lixeiro: E você torce pra que time?

Dona de Casa e Homem entram. Ela espia algo nas coxias.

Funcionário: (*para Lixeiro*) Ela mora por aqui.

Lixeiro: Ah sim... (*para Dona de Casa*) Oi.

Dona de Casa se assusta com Lixeiro. Pensa que esqueceu de colocar o lixo na porta.

Dona de Casa: Hoje é terça-feira? Ai! Espere só um minutinho!

Dona de Casa sai de cena correndo.

A natureza não é doce

Dona de Casa entra em cena novamente correndo, mas se cansa e para no palco. Lixeiro entra correndo atrás dela.

Lixeiro: Espera!

Dona de Casa: (*em respiros profundos*) Cansei.

Lixeiro: Está tudo bem?

Dona de Casa: Tudo, e você?

Lixeiro: (*com dificuldade*) Eu já estive aqui antes...

Dona de Casa: Eu sei.

Lixeiro: (*olha para dentro das coxias, assusta-se com a quantidade de coisas que vê*) O que são aquilo?

Dona de Casa: Galinhas.

Lixeiro: São muitas, não? A senhora deve vender bastante!

Dona de Casa: Que nada. Esses anos todos eu só vendi duas. É pelo motivo deste momento difícil que estamos passando. Essa falta de dinheiro... você sabe como é.

Lixeiro: A senhora mesma que abate?

Dona de Casa: Não veio aqui para isso, veio?

Lixeiro: Não...

Gritos dos Colegas de trabalho do Lixeiro.

Lixeiro: É que eu estou procurando uma pessoa...

Dona de Casa: Já disse.

Lixeiro: A senhora mora por aqui há muito tempo, não?

Dona de Casa: Moro, garoto.

Lixeiro: É que eu procuro um morador. É seu vizinho.

Dona de Casa: De qual vizinho está falando?

Lixeiro: É um senhor que eu estou procurando...

Gritos dos Colegas.

Lixeiro: Não, deixa pra lá. Eu volto aqui depois...

Dona de Casa: Espera...

Lixeiro: Não, eu volto aqui outra hora.

Dona de Casa: Não. Você quem é? Digo, o que é de meu vizinho?

Homem entra e dá um beijo na boca de Dona de Casa.

Dona de Casa: (*para Homem*) Saia daqui, eu não quero brincar agora, ok? Depois conversamos. Vá para casa!

Lixeiro: Eu estou atrapalhando a senhora, não é?

Dona de Casa: Eu perguntei o que é de meu vizinho.

Lixeiro: Filho.

Dona de Casa: ...

Lixeiro: "Valico", ele chama. (*quando pequeno, Lixeiro sempre desenhava seu pai*) É grande assim, forte, quase sem cabelo, fala à beça, conversa com todo mundo... (*ele desiste!*) Mas deixa pra lá, eu nem deveria estar aqui...

Dona de Casa: Por quê?

Lixeiro: É que o seu vizinho saiu de minha casa há anos pra comprar cigarros e não voltou nunca mais.

Dona de Casa: Cigarro não faz mesmo bem à saúde.

Lixeiro: Sabe por que ele não está?

Dona de Casa: Ah, meu Deus!

Lixeiro: O que foi?

Dona de Casa: Eu sei de seu caso...

Lixeiro: A senhora me conhece?

Dona de Casa: Não, não te conheço, mas conheci teu pai.

Lixeiro: Ele não mora mais aqui?

Dona de Casa: Não. Quer dizer... Eu tenho uma notícia muito difícil para você... Eu conheci bem o teu pai, antes dele...

Cai um abacate. Ela se assusta.

Lixeiro: Antes dele...

Dona de Casa: ...

Lixeiro: ...

Dona de Casa: ...

Lixeiro: ...

Dona de Casa: Infelizmente.

Ele compreende. Pega abacates do chão e arremessa, numa conversa com seu pai.

Lixeiro: Não, pai! Eu te escrevi cartas. Eu sonhei com você. Eu te enxerguei em tudo que é lugar. Eu te desenhei. Eu te desenhei. Eu rezei pra você. Seu torto! Rua sem chão! Avenida perdida! Estrada vazia! Grito meu! Você me espanca doce.

Dona de Casa: Escuta, você quer tomar um chá, um café...

Lixeiro: Para com isso! (*controla-se*) Desculpa.

Gritos dos Colegas do Lixeiro.

Dona de Casa: (*respondendo aos gritos, em instinto maternal*) Espera! Ele não pode ir agora! Também não é assim. Também não é qualquer hora que se tem pernas! (*para Lixeiro*) Escuta, ele pediu para dizer algumas coisas a você.

Lixeiro: O quê?

Dona de Casa: (*fala o que há anos memoriza*) Ele disse: "PRESTE ATENÇÃO. MEU FILHO VEM ME VER. ELE DEVE ESTAR GRANDE. PEÇA PERDÃO A ELE."

Lixeiro: Só isso?

Dona de Casa: Sim... (*lembra-se!*) Não! Ele ainda disse por último: "PERGUNTE SE ELE RECEBE O DINHEIRO QUE EU LHE MANDO PARA AS AULAS DE FUTEBOL."

Lixeiro: ...

Dona de Casa: Recebe?

Lixeiro: Não. Eu faço Karatê.

Dona de Casa: Karatê?

Lixeiro: É. Karatê. Só isso?

Dona de Casa: (*mente!*) Não. Ele disse: "DIGA A ELE QUE EU O AMO."

Lixeiro: Disse mesmo?

Dona de Casa: Disse.

Lixeiro começa a executar movimentos de Karatê, como um expurgo muito particular. Dona de Casa se assusta e sai. Os gritos agora são muitos e confusos.

Humanos

Funcionário utiliza suas técnicas de trabalho protegendo-se com frieza de todo e qualquer ataque, de toda e qualquer paixão. Entram Mulher e Homem.

Funcionário: Boa tarde.

Mulher: Boa tarde.

Funcionário: Eu sou o funcionário que veio...

Mulher: Eu sei.

Funcionário: ...

Mulher: ...

Funcionário: ...

Mulher: Seu uniforme... é proteção?

Funcionário: Sim.

Mulher: Lida com animais muito bravos no seu trabalho, não é?

Funcionário: Lido.

Mulher: (*sobre a roupa*) É espuma?

Funcionário: É.

Mulher: Que interessante.

Funcionário: Quer apalpar? Pode.

Mulher: O quê?

Funcionário: Quer apalpar, pode.

Ela apalpa e sente o uniforme de espuma.

Mulher: Mas não é proteção demais? Pra que tudo isso?

Funcionário: A senhora vai entender.

Mulher: Eu?

Funcionário: É, a senhora vai entender. (*repara em Homem*) É ele?

Mulher: É. (*ela assobia, como se faz para os cachorros*) Vem cá, vem...

O que era um homem, agora se constata ser um cão.

Funcionário: (*para o cão*) Vamos?

Mulher: (*ela percebe que está chegando a hora e tenta atrasar Funcionário*) O senhor quer um café?

Funcionário: Não, não bebo café.

Mulher: Quer um chá?

Funcionário: Chá? Não, obrigado.

Mulher: Quer algo com álcool?

Funcionário: Não, obrigado.

Pura aflição. Já não dá pra esconder que está tentando ganhar tempo.

Mulher: Quer leite?

Funcionário: Não, obrigado.

Mulher: Como não quer um café?

Funcionário: Não, obrigado.

Mulher: Qual o seu nome?

Funcionário: Não, obrigado.

Mulher: (*testa*) Eu te amo.

Funcionário: Não, obrigado.

Ela bate no peito dele. Ele não sente. Tem o uniforme protetor.

Mulher: Desculpa.

Funcionário: Eu estou acostumado. A senhora me desculpe, mas não tenho muito tempo.

Mulher: Trabalha há muito tempo nisso?

Funcionário: Uns quatro anos.

Mulher: Mas não tem vontade de chorar numa hora dessas?

Funcionário: Eu não me envolvo, só isso.

O cão pula em cima dele, feliz. Cães não têm consciência das coisas.

Mulher: Eu vou buscar a coleira dele.

Mulher sai. Cão começa a latir.

Cão: É POR ISSO QUE EU PEÇO: CUIDADO COM O QUE PLANTA NO MUNDO. CUIDADO COM O QUE TOCA; COM A CAPACIDADE QUE GENTE TEM DE SE ENVOLVER COM AS COISAS. NÃO ADIANTA FINGIR QUE NÃO SENTE. GENTE SENTE TUDO. SE ENVOLVE COM TUDO! TUDO.

Ela volta.

Mulher: (*para Cão*) Calma.

Ela passa a mão no seu bicho, brinca. Com consciência das coisas.

Mulher: (*para Funcionário*) Eu posso me despedir dele?

Funcionário: Claro.

Mulher fica de quatro, para conversar com seu cão.

Mulher: Obrigada, vai dar tudo certo.

Mulher chora de quatro. Cão a observa. Mulher fica em pé.

Mulher: Anda, pula aqui. Vem...

Cão pula. Fica ereto. Duas patas! Parece gente. Lambe no rosto sua dona. Abraça. Ficou um cão doce de uma hora para outra. Cão e Mulher se olham profundamente, pela primeira vez. Sai Mulher. Funcionário tenta pegar o bicho. Consegue. Mas sua técnica falha e por alguns instantes ele se envolve profundamente com Cão: toca e brinca com o bicho como se fossem velhos amigos. Depois disso, leva-o para matá-lo.

O difícil caminho para o jardim

Funcionário volta sozinho e chama pela Dona de Casa.

Funcionário: A senhora poderia me dar um copo d'água, por favor?

Dona de Casa: Claro.

Ela sai. Funcionário espera. Cai um abacate. Inesperadamente Funcionário cai no chão e tem um ataque do coração. Funcionário sente seu coração como um cavalo! (no fundo, ele sofre com seu trabalho) Sua vida se enfartou e ele teve um Ataque de Lirismo. A vida não é assim tão previsível.

Funcionário: Ó! CORAÇÃO JAPONÊS! Ó! LATIDOS QUE NÃO ME DEIXAM DORMIR! EU NÃO QUERO CAÇAR BICHOS! O LATIDO DO MEU CORAÇÃO É MAIS ALTO! *KAMÍ SÃMA UÁ DOKONÍ ÍRU. DESHIOO KA.* QUEM ME AJUDA?

Lixeiro, que passa, vê Funcionário. Aproxima-se dele.

Funcionário: QUEM ME AJUDA? CADÊ DEUS? CADÊ DEUS? E SE EU CHEGAR NO JAPÃO E DEUS NÃO ESTIVER LÁ? E SE EU CHEGAR NO JAPÃO E ELE NÃO ESTIVER LÁ? OH MEU DEUS, EU NÃO RESPIRO! E DEUS, RESPIRA? MAS QUEM RESPIRA POR DEUS? QUEM? QUEM? E QUEM É DEUS? QUEM É DEUS? QUEM? QUEM? QUEM?

Lixeiro: Eu não sei!

Funcionário: Quem é Deus?

Lixeiro: Eu não sei! Eu não sei! Eu não sei! Eu não sei! Eu não sei! Eu não sei!

Lixeiro massageia o peito do Funcionário. Massagem cardíaca. Mas a pergunta que Funcionário faz o tira do sério. O que era massagem agora viram golpes no peito. Lixeiro espanca o peito do Funcionário por pura dúvida. Oh!

Os Gestos de Lagoa

A encenação está precisando respirar. Todos estão aflitos e atônitos com a violência divina dos homens. Quem respira por eles? Todos passam a executar o Tai Chi Chuan. Vamos respirar um pouco.

Correndo para o mar

Lixeiro e Funcionário saem de cena. Ficam Mulher e Dona de Casa.

Dona de Casa: Bonitas essas cercas elétricas coloridas que eles inventaram agora, não! E os novos alarmes, com barulhos de cigarras, de pássaros... (*percebe Mulher*) O que foi?

Mulher: Eu estou cansada.

Dona de Casa: Você se protege pouco, não é? Qualquer sopro que passa, você vai atrás. E olha, eu sei do que eu estou falando, não estou falando porque há pessoas olhando para nós, não. Você precisa cuidar de você.

Mulher: Eu não sei!

Dona de Casa: O que disse?

Mulher: Eu estou querendo dizer que cuidado demais também sufoca.

Dona de Casa: Mas olha para você!

Mulher: Olha para você!

Dona de Casa: Está falando de quê?

Mulher: (*como Cão!*) EU ESTOU FALANDO QUE VOCÊ FALA, FALA, FALA, FALA E SE ENVOLVE DO MESMO JEITO. EU ESTOU FALANDO DE GENTE. DE MIM, DE VOCÊ. VOCÊ TEM SUAS GALINHAS, NÃO TEM?

Dona de Casa: O que minhas galinhas têm com isso?

Mulher: Você vive de vender galinhas abatidas. Você compra suas galinhas e, primeiro, o que faz?

Dona de Casa: Para com isso.

Mulher: Dá nome a elas, depois dá apelidos. E quando vê, você não consegue mais matar as galinhas. Você não consegue deixar de se envolver. Você não consegue deixar de se envolver com nada! Você não consegue deixar de se envolver nem com suas galinhas!

Silêncio.

Dona de Casa: (*perde a razão, volta a virar um cão!*) Para com isso, não faz isso comigo. Você não me conhece. Quem você pensa que é? Não toca em mim. Não chega perto. O alarme da minha casa dispara. Me deixa aqui, no meu canto. Se o telefone tocar eu não estou. Cuidado com o meu muro porque ele está cheio de cacos. Cheio. Para mim também não é doce. Cuidado comigo! Cuidado comigo! Cuidado comigo!

Mulher: A senhora está cansada. Quer um chá? Um café?

Dona de Casa: ...

Lixeiro passa correndo.

Dona de Casa: (*comenta sobre Lixeiro*) Parece um cavalo novo com fogo nas patas, correndo pro mar. Não parece?

Mulher: Tá ouvindo?

Dona de Casa: O quê?

Mulher: O caminhão de gás. Que música bonita pra comprar gás chorando, não é?

Funcionário entra à procura do Lixeiro, que entra logo em seguida. Eles se encontram.

Funcionário: Espera. Eu estava te procurando.

Lixeiro: O que foi? Você tá bem?

Funcionário: Sim, estou bem, já até voltei a trabalhar. Eu queria agradecer por você ter me acudido. Mas... eu queria te falar uma coisa.

Lixeiro: O que foi?

Funcionário: É sobre a Cerimônia das Palmas, que te

ensinei. Ela não existe. Eu inventei. É mentira, fiquei com peso na consciência de te ver fazendo, achando que é algo importante...

Lixeiro: Que estranho.

Funcionário: Por quê?

Saem de cena.

No entanto, Mulher experimenta para si a Cerimônia das Palmas, enquanto se ouve a música "Pour Elise", vindo de um caminhão de gás que passa por ali.

A Fé

Mulher procura sua força. Faz a sua Cerimônia das Palmas.

Mulher: Eu sou forte como cavalo novo com fogo nas patas correndo em direção ao mar. Eu sou forte como cavalo novo com fogo nas patas correndo em direção ao mar! Deus, eu não vou te incomodar! Eu juro. Pode ficar aí. É só pra ficar olhando. Eu vou me levantar daqui sozinha e vou voltar a correr porque é da Ordem. E se for necessário eu vou começar tudo de novo. Vou acordar de manhã, e fazer o café, e ligar a secretária eletrônica, o alarme, e vou colocar cacos nos muros e olhar meu jardim. Porque eu sou forte, porque eu sou forte.

Ela chora. Ela chora.

Mulher: E vou criar outros instantes, e ninguém vai perceber que estou criando, porque todos vão se envolver! TODOS! Quem respira por mim? Quem respira por mim? Porque eu sou forte como um cavalo novo com fogo nas patas correndo em direção ao mar. CORRENDO EM DIREÇÃO AO MAR! CORRENDO EM DIREÇÃO AO MAR! CORRENDO EM DIREÇÃO AO MAR! CORRENDO EM DIREÇÃO AO MAR! CORRENDO EM DIREÇÃO AO MAR! CORRENDO EM DIREÇÃO AO MAR!

E Mulher se levanta, se estiver caída; corre, se estiver

parada; respira, se estiver sem ar. Mesmo sendo preciso mais força do que de costume.

O recomeço. A continuação.

Lixeiro e Mulher voltam a correr, da mesma forma como corriam quando se conheceram.
Cão surge e late para a plateia.

Cão: CUIDADO. CUIDADO COM O QUE TOCA. COM A CAPACIDADE QUE GENTE TEM DE SE ENVOLVER COM AS COISAS. COM O AMOR, QUE ESPANCA DOCE. FAÇA ISSO POR MIM. POR MIM! POR MIM! POR MIM! POR MIM!

Blackout. Fim da peça.

O mar termina onde?

A peça acabou.

Acendem-se as luzes. Os atores estão lá, como de costume, para receber os aplausos.
O público aplaude. Os atores aplaudem.
Mas, aos poucos, os atores começam a fazer a Cerimônia das Palmas. E quando o público percebe, também acompanha os atores.
Mentira. Não era o fim. Deus é recomeço.

SOBRE O ESPETÁCULO

Uma cartografia dos afetos

(2005)

Adélia Nicolete
Doutoranda em Artes Cênicas pela ECA-USP

Não se escapa, na abordagem das escritas contemporâneas,
devido à falta de certezas e modelos, à suspeita da ausência de savoir-faire.
Uma escrita muito aberta e sem trama narrativa bem amarrada
não esconderia a impotência do autor para construir uma história?
Não se pode levantar essa suspeita mais do que a que visa um pintor abstrato
quando perguntam se ele sabe desenhar "bem".
O trabalho de leitura consiste, com a menor dose de a priori *possível,*
em entrar no jogo do texto e medir sua resistência.

Jean-Pierre Ryngaert

Quando fui convidada a escrever sobre o texto *Por Elise* aos leitores, Ryngaert surgiu de imediato diante de mim. Em seu livro *Ler o teatro contemporâneo*, o professor e diretor francês registra uma série de considerações que se adequam perfeitamente ao texto de Grace Passô e a muitos outros que vêm povoando a cena brasileira atual.

Ao comentar sobre a falta de certezas e modelos na escrita contemporânea, Ryngaert assinala a desconfiança com que se tem olhado o teatro dramático nos moldes aristotélicos – unidades, mimese, fábula, enredo, ação, conflito, diálogo, começo-meio-fim, encadeamento de ações, causa-consequência e tantas outras âncoras – e, ao mesmo tempo, a dificuldade de se libertar dele. O autor chega a cogitar a impossibilidade de uma ruptura radical com as antigas formas, pois a matriz do teatro será sempre uma troca entre seres humanos diante de outros seres humanos. Nesse ponto, junta-se ao francês um alemão, Hans-Thies Lehmann. Ao anunciar a existência de um teatro que chama de pós-dramático, Lehmann assegura que ele só é possível como superação do drama, ou seja, como uma manifestação que conserva algumas características de uma dramaturgia considerada "clássica", incorporando a ela elementos próprios do contemporâneo – silêncio, fragmentação, lacunas, interrupções, intertextualidade e, sobretudo, uma maior colaboração do leitor/espectador na finalização da obra.

Por Elise é um claro exemplo disso. Ao mesmo tempo em que atende aos que ainda buscam avidamente por um fio, uma trama que seja, para com eles bordar um sentido, propõe um jogo de ir e vir, de esconde-esconde. Elipses, longas pausas, artes marciais, diálogos e trajetórias desencontrados e reencontrados, rubricas de filigrana que bem podem ser lidas em cena – uma estrutura de quebra-cabeça em que a autora propositalmente deixou de colocar algumas peças, pois elas estarão em poder da encenação e do público.

Uma outra característica marcante, capaz de situar o texto de Grace Passô e o espetáculo do espanca! no panorama traçado por Lehmann e Ryngaert, relaciona-se ao processo de criação. Não mais um texto que nasce pronto, no gabinete do dramaturgo, e é oferecido a um grupo de atores que se incumbe de montá-lo e apresentá-lo, de preferência respeitando falas, rubricas e marcas de direção. *Por Elise* nasceu como um esboço apresentado ao grupo pela autora-diretora-atriz e que, dia a dia, era assimilado e transformado pela equipe. Cada um dos componentes atuou tanto na finalização do texto quanto na construção da cena. O fruto que pode ser degustado neste volume é semente plantada por Grace, mas cultivada pela equipe.

E é preciso falar ainda do assunto, do conteúdo de *Por Elise* que, sem dúvida, determina a forma encontrada pela dramaturgia.

Grupos jovens, dispostos a escrever o próprio texto, ao se perguntarem sobre o que querem falar, em geral apresentam respostas bastante similares. Todos querem falar do amor, do medo, da violência. Querem falar de perdas, de morte, de solidão e de sonho. Falar do que se passa dentro deles e no entorno. Com o espanca! não foi diferente. Mas, em vez de escolher um ou dois temas, o grupo se dispôs a desenvolver todos, ao mesmo tempo. O resultado é uma dramaturgia multifacetada, conforme foi descrito acima, e que tem como trunfo a poesia.

O grupo colocou todos os temas em seu cadinho alquímico e elaborou um espetáculo que supera o simples retrato, tão comum na cena atual. Mais do que um espelho que denuncia a todo instante nossas deformações, uma obra que reflete o que há por trás do espelho, por trás do retrato, dos muros, das cercas elétricas. E, como se não bastasse, oferece ainda uma saída poética.

Nessa estrada, ao lirismo de *Por Elise* caminham também *Encontros depois da chuva*, da Cia. Stravaganza, de Porto Alegre; *Cantos periféricos*, do Teatro da Conspiração, de Santo André e *Papo de anjo*, do Galpão Cine Horto, de Belo Horizonte, para citar apenas alguns. É sintomático que muitos trabalhos desse tipo ocorram fora do eixo Rio-São Paulo e sejam realizados por companhias iniciantes e/ou vinculadas à pesquisa. A renovação do teatro, ou seu arejamento, cabe a elas mais do que aos grupos estabelecidos e aos nomes já consagrados.

No jogo do leitor/espectador com o texto, proposto por Ryngaert, *Por Elise* resiste. Resiste como texto poético, como retrato do homem e das relações humanas contemporâneas, lançando um olhar *sui generis* sobre a realidade. Amoroso, sem deixar de ser crítico. Agudo, sem deixar de ser lírico. Um olhar que espanca, mas espanca doce.

Em se plantando, tudo dá

Gustavo Bones
Ator e integrante do grupo espanca!

O tempo passa. O corpo muda. O espanca! caminha. Mas *Por Elise* se mantém. Alimenta, noite após noite, uma memória própria. Existe sozinha, no tempo e no espaço. A peça se descolou de nós, atores, e vive sozinha. Respira sozinha. Se constrói sozinha. Fala o texto sozinha. Nos conduz pelas nossas marcas, rumo ao envolvimento inevitável e às nossas dores, cotidianas e incontroláveis.

Por Elise tem uma força misteriosa do ritual de se inventar Deus a cada noite. Tem a força da palma interior e dos Gestos de Lagoa. Possui a força do vazio, preenchido com afeto, ação e muitas histórias. *Por Elise* contém a força explosiva, violenta de um grupo de pessoas que desejaram muito uma coisa. Contém a força de uma paixão, do casamento, da separação, da superação, da nova paixão, assim como na vida. Nesses anos todos de vida juntos, eu e *Por Elise* já pensamos em nos afastar, mas, por enquanto, optamos por continuar. Estive com *Por Elise* na saúde e na doença, na vida e na morte, na alegria e na tristeza, na crise e na fartura, na tempestade e na bonança, em Berlim e em Birigui. *Por Elise* me conhece. Conviver com ela me transformou. Moldou o meu caráter, me deixou mais doce, mais comprometido com o outro, menos leviano nas relações. Vi, ao lado de *Por Elise*, como é belo e doce esse espancar da vida.

Somente agora, tanto tempo depois ao lado de *Por Elise*, é que fui ter um jardim. Moro em um apartamento e o verde cresce espremido entre o céu e os muros. Mas ele resiste. Diverso. Colorido. Às vezes corro demais e não tenho tempo de regá-lo. Às vezes viajo e ele fica sozinho, então preciso delegar aos amigos em que confio a função de mantê-lo vivo. Para se ter um jardim é preciso responsabilidade, cuidado com o que se planta no mundo. É preciso paciência para acompanhar, lentamente, o crescer das folhas. Mas converso com as plantas, acaricio seus caules e elas devolvem os afagos. E se você trouxer o seu lar, não se preocupe, eu vou cuidar do seu jardim. O espanca! é meu jardim compartilhado. Meu jardim é meu Deus inventado, meu mar inventado – desculpa bonita para prosseguir. E hoje, quando pergunto ao final da peça *Cadê meu jardim?*, ouço a voz de D. Elise me repreendendo: *mas não é possível. Não está vendo, garoto? Olha pra você! Olha que belo mar atrás daquele pano! Olha pra cima! Olha o tamanho dessa árvore! Olha o que a gente plantou!*

Contradições fecundas

Marcelo Castro
Ator e integrante do grupo espanca!

Por Elise me faz pensar com a faculdade da emoção.

É com a intensidade do ódio que represento este cão que late o amor; mas cão é coisa que não se representa, e na busca de ser verdadeiro aprendi que só mesmo destruindo meu intelecto eu poderia "ser" o homem/cão.

Então me movo orientado pela sensibilidade e a intuição de um "organismo" que late palavras humanas sem conhecimento de significados. Que late "porque a noite dói no coração do mundo".

BIOGRAFIAS

Grace Passô

Grace Passô é diretora, dramaturga e atriz. Estudou no Centro de Formação Artística da Fundação Clóvis Salgado, em Belo Horizonte. Foi cronista do jornal *O tempo* (MG) e atuou em companhias teatrais de Belo Horizonte, como a Armatrux e a Cia. Clara. Em 2004, se juntou ao grupo espanca! e escreveu as peças teatrais *Marcha para Zenturo*, *Amores surdos*, *Congresso Internacional do Medo* e *Por Elise*, tendo sido a diretora dos dois últimos textos. Escreveu e dirigiu *A árvore do esquecimento*, projeto do Festival de Arte Negra de Belo Horizonte. Em 2009, integrou o elenco de *France du Brésil*, espetáculo dirigido por Eva Doumbia, em Marselha, França. Dirigiu ainda *Os bem-intencionados*, do grupo Lume (SP) e *Os ancestrais*, texto de sua autoria, com o Grupo Teatro Invertido (MG).

Dentre os prêmios que recebeu, estão: Prêmio Shell SP e Troféu APCA (melhor autor, 2005); Prêmio SESC/SATED (melhor espetáculo e melhor texto, em 2005 e 2006); Prêmio Usiminas Sinparc (melhor texto e melhor atriz, 2006). Também foi indicada ao Prêmio Shell SP (melhor autor, 2009), Prêmio Qualidade Brasil (melhor texto e melhor atriz, 2008), Prêmio SESC/SATED e Prêmio Usiminas Sinparc (melhor atriz, 2004), entre outras indicações.

espanca!

Sediado em Belo Horizonte (MG), o espanca! foi fundado em 2004 e desde então concebe projetos que movem dinamicamente sua linguagem e expandem a relação do coletivo com o teatro. Com os espetáculos *Por Elise*, *Amores surdos* (dirigido por Rita Clemente), *Congresso Internacional do Medo*, *Marcha para Zenturo* (concebido em parceria com o Grupo XIX de Teatro) e *Líquido tátil* (dirigido e escrito por Daniel Veronese), o grupo criou um repertório em parceria com diversos artistas convidados. Dentre os prêmios e indicações já recebidos estão o Prêmio Shell SP, Prêmio SESC/SATED MG, Prêmio Usiminas Sinparc MG, Prêmio Qualidade Brasil e Troféu APCA. Em 2010, o grupo inaugurou o Teatro Espanca! – sua sede no centro de Belo Horizonte – espaço que além de abrigar as atividades da companhia, se abriu para projetos artísticos de diversas linguagens.

Editoras: ISABEL DIEGUES
BARBARA DUVIVIER
Coordenação de Produção: MELINA BIAL
Produção Editorial: VANESSA GOUVEIA
Revisão Final: EDUARDO CARNEIRO
Projeto Gráfico, Diagramação e Capa: 45 JUJUBAS
Fotos: GUTO MUNIZ
Foto p. 62 (abaixo): JOÃO MARCOS ROSA

Nesta edição, foi respeitado o Acordo Ortográfico da Língua Portuguesa de 1990, que entrou em vigor no Brasil em 2009.

Editora de Livros Cobogó Ltda.
Rua Jardim Botânico, 635/406
Rio de Janeiro - RJ - 22470-050
www.cobogo.com.br

Patrocínio

Realização

CIP-BRASIL. CATALOGAÇÃO-NA-FONTE
SINDICATO NACIONAL DOS EDITORES DE LIVROS, RJ

P318ap

Passô, Grace, 1980-
Por Elise / Grace Passô. - Rio de Janeiro : Cobogó, 2012.
(Espanca! ; 1)

ISBN 978-85-60965-36-6

1. Teatro brasileiro. I. Título. II. Série.

12-7776. CDD: 869.92
CDU: 821.134.3(81)-2

2012

1ª impressão

Este livro foi composto em Franklin Gothic.
Impresso pela Prol Editora Gráfica sobre
papel pólen bold para a Editora Cobogó.